# Abriendo paso: Lectura

# Testing Program

José M. Díaz

PEARSON

Prentice
Hall

Boston, Massachusetts
Upper Saddle River, New Jersey

# To The Teacher

The purpose of the tests for *Abriendo paso: Lectura* is to assess students' knowledge of vocabulary as well as their understanding of the readings, while allowing them to express their opinions. Each test is divided into three sections: *Vocabulario, Contenido/Autor* and *Contenido/Opinión*. Remember that **Abriendo paso: Lectura** is not a literature book. Rather, it uses literature to develop students' language skills. Therefore, the tests in this book are only a part of the total assessment you do in class. Depending on the type of students you have and on the material covered in class, you may want to add additional questions.

Although the tests are worth 25 points for easy scoring, you may convert each test to a 100-point score. At your discretion, if you read four stories during a particular marking period, you may add the four scores to total 100 points.

You should deduct 1/2 to 2 points for grammar. Remember: Although the students should be accountable for the way they write in Spanish, the purpose here is not to test grammar, so the point deduction should be done carefully and sparingly. Also, depending on the grammar point that has been studied in class, you may want to take more points off if students make mistakes on a particular topic. For example: You have been dealing with preterite and imperfect in class and a student makes several mistakes on those tenses; you may want to deduct 1–2 points. Again, use your discretion.

In some cases, you may want to add one or two questions if the students have done some research as a pre-reading activity. Since these activities are optional, they are not tested here.

You will notice that some of the tests dealing with poetry address more than one poem. This was done intentionally, since the shorter poems do not lend themselves to full tests.

A word about the Answer Key: In many instances the response given may seem sophisticated for your students. In that case, you should take into consideration the content of the response, not the structures being used.

**Copyright © by Pearson Education, Inc., publishing as Pearson Prentice Hall, Boston, Massachusetts, 02116.** All rights reserved. Printed in the United States of America. This publication is protected by copyright, and permission should be obtained from the publisher prior to any prohibited reproduction, storage in a retrieval system, or transmission in any form or by any means, electronic, mechanical, photocopying, recording, or likewise. For information regarding permission(s), write to: Rights and Permissions Department, One Lake Street, Upper Saddle River, NJ 07458.

**Pearson Prentice Hall**™ is a trademark of Pearson Education, Inc.
**Pearson**® is a registered trademark of Pearson plc.
**Prentice Hall**® is a registered trademark of Pearson Education, Inc.

ISBN 0-13-166134-5
6 7 8 9 10 V036 12 11 10

# Table of Contents

**Scoring Guide**

# Capítulo 1: El décimo

## Vocabulario

**A.** Explica en español el significado de las siguientes palabras en el cuento. Escoge cinco.

**1.** la riqueza _____

_____

**2.** hallar _____

_____

**3.** las señas _____

_____

**4.** el sobretodo _____

_____

**5.** el bolsillo _____

_____

**6.** el premio _____

_____

**B.** Lee las palabras siguientes y escribe una palabra de la misma familia para cada una de ellas. Si escribes un sustantivo, incluye el artículo definido. Escoge cinco.

**1.** vivos _____

**2.** el bolsillo _____

**3.** feliz _____

**4.** el décimo _____

**5.** rico _____

**6.** mentir _____

## Contenido

**A.** Lee las siguientes citas de *El décimo*. Luego, identifica la persona que dice cada frase y explica su significado según el contexto del cuento. Escoge dos.

**1.** "¿Ve Ud. como yo no me engañaba?"

_____

_____

**2.** "...tocó aquí, buscó allá..."

_____

_____

**3.** "[...] y ahora tenía que hacer esta cruel confesión."

_____

_____

_____

**B.** ¿Qué dudas tenía el señor al no encontrar el billete? Responde en un párrafo breve.

_____

_____

_____

## Opinión

Responde a las siguientes preguntas según tu propia opinión. Escribe un párrafo breve para explicar cada una de tus respuestas.

**1.** ¿Piensas que hay una moraleja *(moral)* en el cuento? Explica.

_____

_____

_____

_____

_____

**2.** ¿Cómo habría terminado el cuento si el señorito hubiera encontrado el billete?

_____

_____

_____

_____

_____

_____

# Capítulo 2: Rosa

## Vocabulario

**A.** Escribe un antónimo para cada una de las siguientes palabras.

1. reluciente _____

2. útil _____

3. ligero _____

4. complicada _____

**B.** Escribe un sinónimo para cada una de las siguientes palabras.

1. trasladar(se) _____

2. el premio _____

**C.** Lee las palabras siguientes y escribe una palabra de la misma familia para cada una de ellas. Si escribes un sustantivo, incluye el artículo definido.

1. la seguridad _____

2. increíble _____

3. envidiable _____

## Contenido

Lee las siguientes citas de *Rosa*. Luego, responde a las preguntas según el contexto del cuento. Usa frases completas.

1. "Fui la primera que empezó las tareas más complicadas. Nunca tuve una falla, nadie me ha hecho una corrección."

   **a.** ¿Quién habla? _____

   **b.** ¿Por qué lo dice? _____

   _____

2. "—Precisamente por eso te habrán elegido. [...] Para trabajar allí se necesita tener mucha experiencia."

   **a.** ¿Quién habla? _____

   **b.** ¿A qué se refiere? _____

   _____

3. "—Pronto volveremos por las otras".

    a. ¿Quién habla?   _____

    b. ¿A qué se refiere? _____

    _____

## Opinión

Responde a las siguientes preguntas según tu propia opinión. Escribe un párrafo breve para explicar cada una de tus respuestas.

    1. ¿Crees que fue justo lo que le pasó a Rosa?

    _____

    _____

    _____

    _____

    _____

    _____

    _____

    _____

    2. Al principio del cuento el autor presenta a Rosa como un ser humano. ¿Qué crees que pretende el autor al usar esta técnica? ¿Piensas que logró el efecto que deseaba?

    _____

    _____

    _____

    _____

    _____

    _____

    _____

    _____

# Capítulo 3: Un oso y un amor

## Vocabulario

**A.** Explica en español el significado de las siguientes palabras en el cuento.
Escoge cuatro.

**1.** el arroyo  _____

_____

**2.** las brasas  _____

_____

**3.** el anillo  _____

_____

**4.** las ollitas  _____

_____

**5.** hervir  _____

_____

**B.** Lee las palabras siguientes y escribe una palabra de la misma familia para cada una
de ellas. Si escribes un sustantivo, incluye el artículo definido.

**1.** ensangrentado  _____

**2.** la canción  _____

**3.** sentimental  _____

## Contenido

Lee las siguientes citas de *Un oso y un amor*. Luego, explica su significado según el
contexto del cuento. Usa frases completas. Escoge cuatro.

**1.** "De pronto oí voces y risas conocidas."

_____

_____

**2.** "Desde niños íbamos a la escuela juntos. Yo cargaba con sus libros."

_____

_____

**3.** "Casi todos los gringos de entonces hablaban español. Éramos una sola sociedad."

_____

_____

**4.** "Le interrumpimos la comida. Se enfureció. Se nos vino encima."

_____

_____

**5.** "Quizás si hubiera estado solo habría estado muerto de miedo."

_____

_____

## Opinión

En una hoja, responde a las siguientes preguntas según tu propia opinión.

**1.** Si hubieras sido el narrador, ¿habrías hecho algo para estar junto a Shirley después de que ella se fue? Explica tu respuesta.

**2.** ¿Cuál crees que es el significado de la última línea del cuento: "También ella se acuerda"?

**3.** ¿Por qué podemos decir que el final del cuento no es triste? Responde en un párrafo breve.

**4.** Si tú fueras el autor, ¿cómo habrías terminado el cuento? Escribe un párrafo breve con tu final.

# Capítulo 4: Continuidad de los parques

## Vocabulario

**A.** Explica en español el significado de las siguientes palabras en el cuento.

**1.** el puñal _____

_____

**2.** el atardecer _____

_____

**3.** la escalera _____

_____

**B.** Lee las palabras siguientes y escribe una palabra de la misma familia para cada una de ellas. Si escribes un sustantivo, incluye el artículo definido.

**1.** destruir _____

**2.** tranquilizar _____

**3.** dibujar _____

## Contenido

Lee las siguientes citas de *Continuidad de los parques*. Luego, explica su significado según el contexto del cuento. Tienes que contestar las preguntas 1 y 2. Escoge una entre 3 y 4. Usa frases completas.

**1.** "Su memoria retenía sin esfuerzo los nombres y las imágenes de los protagonistas; la ilusión novelesca lo ganó casi en seguida".

_____

_____

_____

_____

**2.** "Nada había sido olvidado; coartadas, azares, posibles errores".

_____

_____

_____

_____

**3.** "Los perros no debían ladrar, y no ladraron. El mayordomo no estaría a esa hora, y no estaba."

_____

_____

_____

_____

**4.** "En lo alto, dos puertas. Nadie en la primera habitación, nadie en la segunda."

_____

_____

_____

## Opinión

En una hoja, responde a las siguientes preguntas según tu propia opinión. Escribe un párrafo breve para explicar cada una de tus respuestas.

**1.** Explica en un párrafo breve lo que tú crees que sucederá después de que el amante llega a la casa y entra en el cuarto donde está el hombre.

**2.** Si pudieras cambiar algo en el cuento, ¿qué cambiarías? ¿Por qué? Explica brevemente.

# Capítulo 5: Cajas de cartón

## Vocabulario

**A.** Explica en español el significado de las siguientes palabras en el cuento.

**1.** el colchón _____

_____

**2.** empacar _____

_____

**3.** la olla _____

_____

**4.** mudarse _____

_____

**5.** la manguera _____

_____

**B.** Lee las palabras siguientes y escribe una palabra de la misma familia para cada una de ellas. Si escribes un sustantivo, incluye el artículo definido.

**1.** entristecer _____

**2.** camino _____

**3.** cansancio _____

## Contenido

Lee las siguientes citas de *Cajas de cartón*. Luego, explica su significado según el contexto del cuento. Usa frases completas. Escoge cuatro.

**1.** "Al abrir la puerta de nuestra chocita me detuve. Vi que lo que nos pertenecía estaba empacado en cajas de cartón."

_____

_____

_____

2. "El garaje estaba gastado por los años. Roídas por comejenes, las paredes apenas sestenían el techo agujereado."

_____

_____

_____

3. "Allá viene el camión de la escuela —susurró alarmado [Papá]. Instintivamente, Roberto y yo corrimos a escondernos entre las viñas."

_____

_____

_____

4. "Nadie me había hablado inglés desde hacía meses. Por varios segundos me quedé sin poder contestar."

_____

_____

_____

5. "Ese día casi no podía esperar el momento de llegar a casa y contarle las nuevas a mi familia."

_____

_____

_____

## Opinión

En una hoja, responde a las siguientes preguntas según tu propia opinión. Escribe un párrafo breve para explicar cada una de tus respuestas.

1. ¿Qué representaba la olla para la mamá del narrador?

2. ¿Qué opinas sobre la vida de esta familia? ¿Hay alguna solución al tipo de vida que lleva? Explica tu respuesta.

# Capítulo 6: Jacinto Contreras recibe su paga extraordinaria

## Vocabulario

**A.** Explica en español el significado de las siguientes palabras o expresiones en el cuento. Escoge cuatro.

**1.** hacendosa _____

_____

**2.** palidecer _____

_____

**3.** gastador _____

_____

**4.** el apodo _____

_____

**5.** al fiado _____

_____

**B.** Lee las palabras siguientes y escribe una palabra de la misma familia para cada una de ellas. Si escribes un sustantivo, incluye el artículo definido.

**1.** festejarse _____

**2.** sonreír _____

## Contenido

Lee las siguientes citas de *Jacinto Contreras recibe su paga extraordinaria*. Luego, explica su significado según el contexto del cuento. Usa frases completas.

**1.** "[...] tanto para unas medias para la Benjamina, [...] tanto para unas botas para Jacintín."

_____

_____

**2.** "—Perdone.
—Está usted perdonado".

_____

_____

3. "Jacinto Contreras rompió a sudar. Después besó tiernamente a la Benjamina. Y después, con la cabeza entre las manos, rompió a llorar."

_____

_____

## Opinión

Responde a las siguientes preguntas según tu propia opinión.

1. ¿Qué piensas que pasó después de que Jacinto y Benjamina se dieron cuenta de lo que había sucedido? Responde en un párrafo breve.

_____

_____

_____

_____

_____

2. Imagina que les puedes hablar a Jacinto y a Benjamina. ¿Qué les dirías? Escribe una frase para cada uno.

_____

_____

_____

_____

_____

_____

3. El cuento *Jacinto Contreras recibe su paga extraordinaria* puede servir de inspiración para muchas personas. Explica por qué.

_____

_____

_____

_____

_____

_____

# Capítulo 7: Nosotros, no

## Vocabulario

**A.** Explica en español el significado de las siguientes palabras en el cuento. Escoge cuatro.

**1.** la despedida _____

_____

**2.** el grito _____

_____

**3.** la semilla _____

_____

**4.** predecir _____

_____

**5.** el milagro _____

_____

**B.** Lee las palabras siguientes y escribe una palabra de la misma familia para cada una de ellas. Si escribes un sustantivo, incluye el artículo definido. Escoge dos.

**1.** lejanas _____

**2.** terrestre _____

**3.** los habitantes _____

## Contenido

**A.** Lee las siguientes citas de *Nosotros, no.* Luego, explica su significado según el contexto del cuento. Usa frases completas.

**1.** "el último cargamento de almas rumbo al más allá"

_____

_____

**2.** "la policía saldrá a buscar miles de inmortales para imponérsela"

_____

_____

**3.** "unos pobres renacuajos condenados a prisión perpetua en el verdoso estanque de la vida"

_____

_____

**B.** Responde a las siguientes preguntas usando frases completas.

**1.** ¿Cuál sería la única causa de muerte después del descubrimiento?

_____

_____

**2.** ¿Por qué causó tanta tristeza la segunda noticia?

_____

_____

**3.** ¿A qué se refiere la frase "Nosotros, no"?

_____

_____

## Opinión

Imagina que lees la primera noticia que aparece en el cuento en el periódico donde vives. ¿Cuál sería tu reacción ante la noticia? ¿Por qué? Responde en un párrafo breve.

_____

_____

_____

_____

_____

Nombre: _____ Fecha: _____

# Capítulo 8: No oyes ladrar los perros

## Vocabulario

**A.** Identifica cuatro de las actividades físicas o movimientos que muestran los dibujos que aparecen a continuación. Usa el infinitivo.

**1.**   **2.**   **3.**   **4.**   **5.**

**1.** _____

**2.** _____

**3.** _____

**4.** _____

**5.** _____

**B.** Explica en español el significado de las siguientes palabras en el cuento. Escoge cuatro.

**1.** la sombra _____

**2.** las heridas _____

**3.** el oscurecer_____

**4.** los tejados _____

**5.** el sudor _____

## Contenido

**A.** Lee las siguientes citas de *No oyes ladrar los perros*. Luego, explica su significado según el contexto del cuento. Usa frases completas.

**1.** "—Todo esto que hago, no lo hago por usted".

_____

_____

_____

**2.** "Vete tú solo. Yo te alcanzaré mañana o en cuanto me reponga."

_____

_____

_____

**3.** "No me ayudaste ni siquiera con esta esperanza".

_____

_____

_____

## Opinión

Responde a las siguientes preguntas según tu propia opinión.

**1.** Si pudieras cambiar algo en el cuento, ¿qué cambiarías? ¿Por qué? Responde en un párrafo breve.

_____

_____

_____

_____

_____

_____

_____

_____

_____

**2.** El cuento es narrado por el padre de Ignacio. Si fueras Ignacio, ¿qué incluirías en el cuento que tu padre no incluyó? Escribe un párrafo breve para completar la narración.

_____

_____

_____

_____

_____

_____

_____

_____

# Capítulo 9: El árbol de oro

## Vocabulario

Explica en español el significado de las siguientes palabras en el cuento. Escoge cuatro.

**1.** la cruz _____

_____

**2.** los charcos _____

_____

**3.** la rendija _____

_____

**4.** las ramas _____

_____

**5.** la llave _____

_____

## Contenido

**A.** Lee las frases siguientes y escribe una "F" si la frase es falsa o "V" si es verdadera según el contexto del cuento.

_____ **1.** El abuelo no permitió que la narradora regresara a la ciudad porque al él no le gustaba la ciudad.

_____ **2.** La narradora quería asistir a la escuela de la aldea porque estaba aburrida.

_____ **3.** Ivo parecía el estudiante favorito de la señorita Leocadia.

_____ **4.** Todos los estudiantes iban con Ivo a la torrecita.

_____ **5.** La maestra eventualmente le dio la llave a la narradora.

_____ **6.** El árbol que veía Ivo brillaba mucho.

_____ **7.** Cuando los pájaros se posaban (*would perch*) en el árbol, se caían.

_____ **8.** Cuando la narradora fue a la torrecita, ella no vio el árbol.

Nombre: _____ Fecha: _____

**B.** Lee las siguientes citas del *El árbol de oro* y responde brevemente a las siguientes preguntas según el contexto del cuento.

    **1.** "—Quede todo como estaba. Que siga encargándose Ivo de la torrecita. "

        **a.** ¿Quién lo dijo? _____

        **b.** ¿A quién se lo dijo y en qué momento de la historia lo dijo? _____

        _____

    **2.** "¡Mientras yo viva, nadie podrá entrar allí y ver mi árbol!"

        **a.** ¿Quién lo dijo? _____

        **b.** ¿A quién se lo dijo y en qué momento de la historia lo dijo? _____

        _____

    **3.** "—Si me das algo a cambio, te dejo un ratito la llave y vas durante el recreo. Nadie te verá..."

        **a.** ¿Quién lo dijo? _____

        **b.** ¿A quién se lo dijo y en qué momento de la historia lo dijo? _____

        _____

**C.** Responde a las siguientes preguntas usando frases completas.

    **1.** ¿Qué sucede al final del cuento? _____

    _____

    **2.** ¿Cómo reacciona la narradora al final del cuento? _____

    _____

    **3.** ¿Por qué reacciona de esa manera? _____

## Opinión

Imagina que puedes cambiar el final del cuento. ¿Cómo lo cambiarías? ¿Por qué? Responde en un párrafo breve.

_____

_____

_____

_____

_____

_____

_____

# Capítulo 10: Jaque mate en dos jugadas

## Vocabulario

**A.** Explica en español el significado de las siguientes palabras en el cuento. Escoge tres.

**1.** enloquecer _____

_____

**2.** el malestar _____

_____

**3.** el veneno _____

_____

**4.** alejarse _____

_____

**B.** Usa un **prefijo** para expresar el antónimo de las siguientes palabras.

**1.** útil _____

**2.** gastar _____

**3.** cierto _____

## Contenido

**A.** Lee las frases siguientes y escribe una "F" si la frase es falsa o "V" si es verdadera según el contexto del cuento.

_____ **1.** Según el tío, Matilde era una mujer fantástica para Guillermo.

_____ **2.** El tío decidió guardar los apuntes de los juegos en unas libretas.

_____ **3.** Guillermo estaba esperando a Claudio en la casa la noche del crimen.

_____ **4.** Claudio dijo que no había jugado una partida con el tío la noche del crimen.

_____ **5.** El tío había anotado la partida de la noche del crimen en la libretita.

_____ **6.** Guillermo le dijo al detective que él había cometido el crimen.

_____ **7.** Al final del cuento, el inspector tenía el revólver en la mano.

_____ **8.** El tío Néstor había muerto de un tiro en el pecho.

**B.** Lee las siguientes citas de *Jaque mate en dos jugadas.* Luego, explica el significado según el contexto del cuento. Usa frases completas. Escoge tres.

**1.** "En dos horas quedaría liberado."

_____

_____

**2.** "Era un lugar seco, sin amor. Únicamente el sonido metálico de las monedas."

_____

_____

**3.** "Ya sabes como es el viejo… Duro, implacable. ¡Me cortaría los víveres!"

_____

_____

**4.** "Sensación de hormigueo y embotamiento, que se inicia en el punto de contacto para extenderse a toda la lengua."

_____

_____

**C.** Responde a las siguientes preguntas usando frases completas.

**1.** ¿Qué tipo de persona era Claudio? ¿Era él diferente a Guillermo? ¿Por qué?

_____

_____

**2.** ¿Por qué no le contó Claudio a Guillermo los planes que tenía?

_____

_____

## Opinión

Si pudieras cambiar el final del cuento, ¿cómo lo cambiarías? ¿Por qué? En una hoja, responde en un párrafo breve.

# Capítulo 11: La viuda de Montiel

## Vocabulario

A. Escribe un antónimo para cada una de las siguientes palabras o expresiones. Escoge tres.

1. empobrecido _____

2. el amanecer _____

3. vivo _____

4. de pie _____

B. Escribe un sinónimo para cada una de las siguientes frases.

1. perder el juicio _____

2. poner bajo tierra _____

## Contenido

A. Piensa en los personajes que aparecen en el cuento. Luego, escoge el adjetivo que mejor describe a cada personaje y explica por qué lo describe bien usando un ejemplo específico del cuento. No tienes que usar todos los adjetivos.

| compasivo | corrupto | fiel | idealista | ingenuo |
|-----------|----------|------|-----------|---------|

1. la viuda de Montiel

   _____

   _____

2. Carmichael

   _____

   _____

3. el Sr. Montiel

   _____

   _____

**B.** Lee las siguientes citas de *La viuda de Montiel*. Luego, completa las frases según el contexto del cuento.

1. "Aún estás caliente en tu tumba y ya todo el mundo nos volvió la espalda".

   El personaje que dice esta frase le está hablando al/a la _____.

   La frase "todo el mundo" se refiere a _____.

   El personaje está equivocado porque _____

   _____.

2. "...sólo se alimentaba de su resentimiento."

   Esta frase se refiere al/a la _____ (nombre del personaje).
   La razón por la cual este personaje se siente de esta manera es porque _____

   _____.

## Opinión

Responde a las siguientes preguntas según tu propia opinión.

1. ¿Crees que estaba justificada la reacción de los hijos de Montiel? Explica por qué.

   _____

   _____

   _____

2. ¿Piensas que la viuda merecía quedarse en la ruina? ¿Por qué?

   _____

   _____

   _____

3. El cuento tiene lugar en un país latinoamericano. ¿Podría tener lugar en cualquier parte del mundo? Explica tu respuesta.

   _____

   _____

   _____

   _____

   _____

   _____

   _____

# Capítulo 12: Cartas de amor traicionado

## Vocabulario

**A.** Explica en español el significado de las siguientes palabras en el cuento. Escoge tres.

**1.** las muletas _____

_____

**2.** las almohadas _____

_____

**3.** quemar _____

_____

**4.** el luto _____

_____

**5.** las esperanzas _____

_____

**B.** Lee las palabras siguientes y escribe una palabra de la misma familia para cada una de ellas. Si escribes un sustantivo, incluye el artículo definido. Escoge dos.

**1.** sospechar _____

**2.** la carta _____

**3.** la escritura _____

## Contenido

Responde a las siguientes preguntas usando frases completas.

**1.** ¿Qué opinión tenía Analía de su tío? ¿Por qué pensaba de esta manera?

_____

_____

_____

_____

**2.** ¿Qué tipo de vida llevaba Analía después de casarse con Luis? ¿Por qué?

_____

_____

_____

_____

**3.** Cuando murió Luis, Analía se sintió culpable y al mismo tiempo sintió alivio. Explica por qué.

   **a.** Se sintió culpable porque... _____

   **b.** Se sintió aliviada porque... _____

**4.** ¿A quién le dice Analía "Usted me debe once años de mi vida"? ¿Por qué le dice esto?

_____

_____

_____

_____

## Opinión

En una hoja, responde a las siguientes preguntas según tu propia opinión. Escribe un párrafo breve para explicar cada una de tus respuestas.

   **1.** ¿Quién crees que es la víctima en el cuento? ¿Por qué?

   **2.** Si pudieras cambiar algo en el cuento, ¿qué cambiarías? ¿Por qué?

# Capítulo 13: Emma Zunz

## Vocabulario/Contenido

**A.** Explica el significado de los siguientes eventos en el cuento.

**1.** el desfalco  _____

_____

_____

_____

_____

**2.** la huelga  _____

_____

_____

_____

_____

**B.** Identifica a **dos** de los siguientes personajes.

**1.** Lowenthal  _____

**2.** Manuel Maier  _____

**3.** Elsa Urstein  _____

**C.** Lee las siguientes citas de *Emma Zunz*. Luego, explica su significado según el contexto del cuento. Usa frases completas.

**1.** "Emma dejó caer el papel. Su primera impresión fue de malestar en el vientre y en las rodillas".

_____

_____

**2.** "Desordenó el diván, desabrochó el saco del cadáver, le quitó los quevedos salpicados y los dejó sobre el fichero".

_____

_____

**D.** Responde a las siguientes preguntas usando frases completas.

   **1.** ¿Qué trató de hacer Emma el día antes de llevar a cabo su plan?

   _____

   _____

   **2.** ¿Por qué rompió Emma la carta antes de llevar a cabo su plan?

   _____

   _____

## Opinión

Responde a las siguientes preguntas según tu propia opinión. Escribe un párrafo breve para explicar cada una de tus respuestas.

   **1.** ¿Por qué podemos decir que el final del cuento es irónico?

   _____

   _____

   _____

   _____

   _____

   _____

   **2.** Imagina que quieres convencer a un(a) amigo(a) para que lea este cuento. ¿Qué le dirías para que se animara a leerlo sin darle demasiada información?

   _____

   _____

   _____

   _____

   _____

   _____

   _____

   _____

# Capítulo 14: Rima LIII

### Vocabulario

Explica en español el significado de las siguientes palabras en el poema. Escoge cuatro.

**1.** los nidos _____

_____

**2.** el ala _____

_____

**3.** el balcón _____

_____

**4.** el rocío _____

_____

**5.** la tapia _____

_____

### Autor

Responde a la siguiente pregunta usando frases completas.

Según la información sobre el autor, ¿qué refleja la poesía de Gustavo Adolfo Bécquer? Responde en un párrafo breve.

_____

_____

_____

_____

_____

_____

_____

_____

## Contenido/Opinión

Responde a las siguientes preguntas. Escribe un párrafo breve para explicar cada una de tus respuestas.

1. El autor termina dos de las estrofas con la frase "¡no volverán!". Teniendo en cuenta el contenido del poema, ¿qué parece estar diciendo el poeta?

_____

_____

_____

_____

2. Lee la siguiente estrofa. Luego, explica lo que está tratando de expresar el poeta. Ten en cuenta el contenido de todo el poema.

   "Volverán del amor en tus oídos
   las palabras ardientes a sonar;
   tu corazón de su profundo sueño
   tal vez despertará;"

_____

_____

_____

_____

_____

_____

3. ¿Crees que es triste o alegre el tono del poema? Explica tu respuesta.

_____

_____

_____

_____

_____

_____

_____

# Capítulo 15: Me gustas cuando callas

## Vocabulario

Explica en español el significado de las siguientes palabras en el poema. Escoge cuatro.

**1.** la voz _____

_____

**2.** la mariposa _____

_____

**3.** el anillo _____

_____

**4.** la estrella _____

_____

**5.** el alma _____

_____

## Autor

Según la información sobre el autor, ¿cuáles son dos de los temas que encontramos en la poesía de Pablo Neruda? Responde en un párrafo breve.

_____

_____

_____

_____

_____

_____

_____

_____

## Contenido/Opinión

**A.** Lee los siguientes versos. Luego, explica su significado según el contexto del poema. Usa frases completas.

   **1.** "Mariposa de sueño, te pareces a mi alma,
   y te pareces a la palabra melancolía"

   _____

   _____

   _____

   **2.** "Déjame que te hable también con tu silencio"

   _____

   _____

   _____

**B.** Responde a las siguientes preguntas.

   **1.** ¿Por qué piensas que el autor repite "Me gustas cuando callas"? Responde en un párrafo breve.

   _____

   _____

   _____

   _____

   **2.** ¿Cómo crees que es el tono del poema? Escoge una o dos palabras de la lista que aparece a continuación y escribe un párrafo breve en el que expliques por qué has elegido esa(s) palabra(s).

   | alegre | chistoso | optimista | pesimista | militante | triste |
   |--------|----------|-----------|-----------|-----------|--------|

   _____

   _____

   _____

   _____

   _____

   _____

# Capítulos 16 y 18:
# *Adolescencia y Despedida*

### Vocabulario

Explica en español el significado de las siguientes palabras en los poemas. Escoge tres.

**1.** el puente    _____

_____

**2.** la luz    _____

_____

**3.** el segador    _____

_____

**4.** el espejo    _____

_____

### Autor

Responde a la siguiente pregunta usando frases completas.

¿Cuáles son dos de los temas que podemos encontrar en la poesía de Vicente Aleixandre?

_____

_____

_____

### Contenido/Opinión

Responde a las siguientes preguntas usando frases completas.

**1.** En *Adolescencia* el poeta dice:

"Vinieras y te fueras dulcemente,
de otro camino
a otro camino [...]"

¿A qué se refiere el poeta? ¿Por qué usa la palabra "dulcemente"?

_____

_____

_____

_____

**2.** En *Despedida* el poeta quiere dejar el balcón abierto. ¿Por qué? Explica.

_____

_____

_____

_____

_____

_____

_____

**3.** ¿Qué tienen en común los dos poemas? Explica.

_____

_____

_____

_____

_____

_____

_____

**4.** De los dos poemas, ¿cuál te gusta más? ¿Por qué?

_____

_____

_____

_____

_____

_____

_____

# Capítulo 17:
# Proverbios y cantares, XXIX

### Vocabulario

Explica en español el significado de las siguientes palabras o expresiones en el poema. Escoge tres.

**1.** las huellas _____

_____

**2.** la vista _____

_____

**3.** pisar _____

_____

**4.** el mar _____

_____

### Autor

Responde a la siguiente pregunta usando frases completas.

Según la información sobre el autor, ¿cuáles son tres de los temas que encontramos en la poesía de Antonio Machado?

_____

_____

_____

_____

_____

_____

_____

Nombre: _____ Fecha: _____

## Contenido/Opinión

Responde a las siguientes preguntas. Escribe un párrafo breve para explicar cada una de tus respuestas.

**1.** El poeta dice:

"caminante, no hay camino:
se hace camino al andar."

¿Qué crees que significan estos versos en el contexto del poema?

_____

_____

_____

**2.** ¿Crees que es filosófico el contenido o el tono de este poema? Explica tu respuesta.

_____

_____

_____

_____

_____

**3.** ¿Cuál es tu opinión sobre el poema? ¿A qué tipo de persona le recomendarías que lo leyera y por qué?

_____

_____

_____

_____

_____

# Capítulo 19: Canción de jinete

## Vocabulario

Explica en español el significado de las siguientes palabras en el poema. Escoge cinco.

**1.** la luna   _____

_____

**2.** la aceituna _____

_____

**3.** la torre   _____

_____

**4.** la alforja  _____

_____

**5.** el viento  _____

_____

**6.** el llano   _____

_____

## Autor

Responde a las siguientes preguntas usando frases completas.

**1.** Escribe tres datos sobre la ciudad de Córdoba.

_____

_____

_____

_____

_____

**2.** Según la información sobre el autor, ¿qué podemos apreciar en la poesía de Federico García Lorca?

_____

_____

_____

_____

**3.** Da el nombre de una de las obras de teatro que escribió García Lorca. ¿Cuál es el tema fundamental de las obras que se mencionan en la información sobre el autor?

_____

_____

_____

_____

## Contenido/Opinión

Responde a las siguientes preguntas usando frases completas.

**1.** En *Canción de jinete* el autor tiene un presentimiento. ¿Cuál es este presentimiento? ¿Cuándo ocurrirá?

_____

_____

_____

_____

**2.** ¿Cuál es tu opinión sobre el poema? ¿Te gustó? ¿Por qué?

_____

_____

_____

_____

_____

_____

Nombre: _____  Fecha: _____

# Capítulo 20:
# *Selecciones de Versos sencillos*

## Vocabulario

**A.** Explica en español el significado de las siguientes palabras en los poemas. Escoge cuatro.

**1.** el corazón _____

_____

**2.** el cojín _____

_____

**3.** el mendigo _____

_____

**4.** el monte _____

_____

**5.** el juguete _____

_____

**B.** Lee las palabras siguientes y escribe una palabra de la misma familia para cada una de ellas. Si escribes un sustantivo, incluye el artículo definido. Escoge dos.

**1.** secar _____

**2.** el jardín _____

**3.** el juguete _____

## Autor

Responde a la siguiente pregunta usando frases completas.

Escribe dos datos sobre José Martí.

_____

_____

_____

_____

_____

Nombre: _____  Fecha: _____

**Contenido/Opinión**

Responde a las siguientes preguntas usando frases completas.

1. En el poema XXXIX, que comienza "Cultivo una rosa blanca", ¿cómo va a tratar el poeta a la persona cruel?

   _____

   _____

   _____

2. En la segunda selección de *Versos sencillos* el poeta compara las cosas que él posee con las que poseen otras personas y animales. Escribe dos cosas que tiene el poeta y con qué las compara.

   _____

   _____

   _____

   _____

   _____

3. ¿Cuál parece ser la actitud del poeta hacia la amistad en ambos poemas? Explica tu respuesta.

   _____

   _____

   _____

   _____

   _____

4. ¿Estás de acuerdo con los sentimientos que expresa el poeta en estos versos sencillos? Explica tu respuesta en un párrafo breve.

   _____

   _____

   _____

   _____

   _____

# Capítulo 21: Canción de otoño en primavera

## Vocabulario

**A.** Explica en español el significado de las siguientes palabras en el poema. Escoge cuatro.

**1.** llorar
_____
_____

**2.** los dientes
_____
_____

**3.** el abrazo
_____
_____

**4.** el cabello
_____
_____

**5.** el alba
_____
_____

**B.** Lee las palabras siguientes y escribe una palabra de la misma familia para cada una de ellas. Si escribes un sustantivo, incluye el artículo definido. Escoge dos.

**1.** la flor _____

**2.** acercarse _____

**3.** el amor _____

## Autor

Responde a la siguiente pregunta usando frases completas.

Escribe dos datos que aprendiste sobre Rubén Darío.

_____
_____
_____

Nombre: _____ Fecha: _____

**Contenido/Opinión**

Responde a las siguientes preguntas usando frases completas.

**1.** ¿Por qué crees que el autor titula *(titles)* el poema "Canción de otoño en primavera"?

_____

_____

_____

_____

_____

**2.** ¿Qué opina el poeta sobre la juventud?

_____

_____

_____

**3.** Explica el significado de la siguiente estrofa en el contexto del poema.

"En vano busqué a la princesa
que estaba triste de esperar.
La vida es dura. Amarga y pesa.
¡Ya no hay princesa que cantar!"

_____

_____

_____

**4.** ¿Cuál es tu opinión sobre el poema? ¿Te gusta? ¿Por qué?

_____

_____

_____

_____

_____

# Capítulo 22: Oda al tomate

### Vocabulario

Explica en español el significado de las siguientes palabras en el poema. Escoge tres.

**1.** el cuchillo  _____

_____

**2.** hervir  _____

_____

**3.** el vaso  _____

_____

**4.** el aceite  _____

_____

**5.** el almuerzo  _____

_____

### Autor

Responde a la siguiente pregunta usando frases completas.

Escribe tres datos que aprendiste sobre Pablo Neruda.

_____

_____

_____

### Contenido/Opinión

Responde a las siguientes preguntas usando frases completas.

**1.** ¿Por qué crees que llama Pablo Neruda *oda* a este poema?

_____

_____

_____

_____

_____

_____

Nombre: _____ Fecha: _____

**2.** ¿Por qué piensas tú que el poeta escribe poesía sobre objetos de la vida diaria?

_____

_____

_____

_____

_____

_____

_____

_____

**3.** Si pudieras darle una sugerencia al poeta sobre su poema, ¿qué le dirías? ¿Por qué?

_____

_____

_____

_____

_____

_____

_____

_____

# Capítulo 23: La fiesta de San Fermín

### Vocabulario

**A.** Explica en español el significado de las siguientes palabras en el artículo. Escoge tres.

**1.** perseguir _____

_____

**2.** amanecer _____

_____

**3.** heridos _____

_____

**4.** el alcalde _____

_____

**B.** Lee las palabras siguientes y escribe una palabra de la misma familia para cada una de ellas. Si escribes un sustantivo, incluye el artículo definido. Escoge tres.

**1.** gritar _____

**2.** la tristeza _____

**3.** diaria _____

**4.** liberadas _____

### Contenido

Responde a las siguientes preguntas usando frases completas.

**1.** ¿Cuáles fueron los orígenes de la fiesta de San Fermín?

_____

_____

_____

**2.** Además del encierro, ¿cuáles son dos de las actividades de la fiesta? Si no sabes el nombre exacto, di en qué consisten.

_____

_____

_____

_____

_____

**3.** ¿Qué es el "txupinazo"?

_____

_____

_____

**4.** ¿Qué es el encierro?

_____

_____

_____

**5.** ¿Cómo se originó el encierro?

_____

_____

_____

**6.** ¿Qué es "El pobre de mí"? ¿Cómo reacciona el pueblo ante "El pobre de mí"?

_____

_____

_____

## Opinión

¿Cuál es tu opinión sobre la fiesta de San Fermín? Explica tu respuesta en un párrafo breve.

_____

_____

_____

_____

_____

_____

_____

_____

# Capítulo 24: Fernando Botero, el espejo convexo

## Vocabulario

**A.** Explica en español el significado de las siguientes palabras en el artículo. Escoge tres.

**1.** los lienzos _____

_____

**2.** las arrugas _____

_____

**3.** las naturalezas muertas _____

_____

**4.** las abejas _____

_____

**5.** el paisaje _____

_____

**B.** Lee las palabras siguientes y escribe una palabra de la misma familia para cada una de ellas. Si escribes un sustantivo, incluye el artículo definido. Escoge dos.

**1.** poderosas _____

**2.** la pintura _____

**3.** grabada _____

## Contenido

Responde a las siguientes preguntas usando frases completas.

**1.** Según el artículo, ¿qué sucedió en los años sesenta?

_____

_____

_____

**2.** Según Botero, ¿qué son las esculturas para él?

_____

_____

_____

**3.** Para Botero, ¿qué es pintar gordos?

_____

_____

_____

**4.** ¿Por qué pinta Botero las corridas de toros?

_____

_____

_____

**5.** Escribe un párrafo breve en el que describas cómo es la obra de Botero. Menciona al menos dos de sus características.

_____

_____

_____

_____

_____

## Opinión

¿Qué le dirías a un amigo para que fuera a ver una exposición de la obra de Botero? Explica tu respuesta en un párrafo breve.

_____

_____

_____

_____

_____

_____

_____

_____

_____

# Capítulo 25: La Tomatina

## Vocabulario

**A.** Explica en español el significado de las siguientes palabras en el artículo.
Escoge cuatro.

**1.** las cárceles    _____

_____

**2.** la muchedumbre   _____

_____

**3.** los vencedores   _____

_____

**4.** maduro   _____

_____

**5.** la sangre   _____

_____

**B.** Lee las palabras siguientes y escribe una palabra de la misma familia para cada una de ellas. Si escribes un sustantivo, incluye el artículo definido. Escoge dos.

**1.** guerra   _____

**2.** encabezado   _____

**3.** amargarse   _____

## Contenido

Responde a las siguientes preguntas usando frases completas.

**1.** ¿En qué consiste la Tomatina?

_____

_____

_____

_____

_____

_____

2. ¿En qué lugar específico y en que época del año tiene lugar la Tomatina?

_____

_____

_____

3. ¿Por qué no se celebró la Tomatina por un tiempo?

_____

_____

_____

4. ¿Según el artículo, cuál es la parte más aburrida del evento?

_____

_____

_____

_____

_____

## Opinión

Responde a la siguiente pregunta. Escribe un párrafo breve.

¿Te gustaría participar en la Tomatina? ¿Cuál es tu opinión sobre este evento? Da por lo menos tres razones por las que tienes esta opinión.

_____

_____

_____

_____

_____

_____

_____

_____

_____

_____

# Capítulo 26: Los indios kunas

## Vocabulario

**A.** Explica en español el significado de las siguientes palabras en el artículo. Escoge tres.

**1.** los aretes  _____

_____

**2.** los curanderos  _____

_____

**3.** la selva  _____

_____

**4.** el tronco  _____

_____

**5.** los rascacielos  _____

_____

**B.** Lee las palabras siguientes y escribe una palabra de la misma familia para cada una de ellas. Si escribes un sustantivo, incluye el artículo definido. Escoge dos.

**1.** los pescadores  _____

**2.** la alimentación  _____

**3.** la venta  _____

## Contenido

Responde a las siguientes preguntas usando frases completas.

Escoge tres entre las preguntas 1, 2, 3 y 4. Tienes que responder a las preguntas 5 y 6.

**1.** ¿Cuál fue la causa por la cual los indios kunas se trasladaron a la costa?

_____

_____

**2.** ¿Qué representa una deidad para los kunas?

_____

_____

**3.** ¿Cómo obtienen sus alimentos los kunas?

_____

_____

**4.** ¿Cómo son los kunas físicamente?

_____

_____

**5.** Escribe dos datos sobre la familia de los kunas.

_____

_____

_____

**6.** Escribe dos aspectos interesantes de las molas.

_____

_____

_____

## Opinión

¿Qué aspecto sobre los kunas te parece más interesante? Explica tu respuesta en un párrafo breve.

_____

_____

_____

_____

_____

_____

_____

_____

_____

_____

# Capítulo 27: El delantal blanco

## Vocabulario

**A.** Explica en español el significado de las siguientes palabras en el artículo. Escoge cuatro.

**1.** la toalla  _____

_____

**2.** el delantal  _____

_____

**3.** la carpa  _____

_____

**4.** la sombra  _____

_____

**5.** la arena  _____

_____

**B.** Lee las palabras siguientes y escribe una palabra de la misma familia para cada una de ellas. Si escribes un sustantivo, incluye el artículo definido.

**1.** peleador  _____

**2.** las industrias  _____

**3.** las nubes  _____

## Contenido

Responde a las siguientes preguntas usando frases completas.

**1.** ¿Por qué lee la empleada las novelas fotografiadas?

_____

_____

**2.** ¿Por qué vino la empleada a la ciudad?

_____

_____

**3.** ¿Por qué se casó la señora con Álvaro?

_____

_____

4. Según la señora, ¿cómo es la vida de las personas que viven en el campo?

_____

_____

5. ¿Cuándo cambió el mundo para la señora?

_____

_____

6. ¿Cómo reacciona la señora cuando la empleada continúa con "el juego"? Explica.

_____

_____

## Opinión

Responde a las siguientes preguntas usando frases completas.

1. ¿Por qué crees que la empleada actúa como la señora después de cambiar de vestido?

_____

_____

_____

_____

2. ¿Por qué se puede considerar esta obra un comentario social?

_____

_____

_____

_____

3. Si pudieras cambiar de ropa con otra persona, ¿qué ropa llevarías? ¿Por qué? ¿Cómo crees que cambiarías tú?

_____

_____

_____

_____

# Answer Key

## Capítulo 1: El décimo

### Vocabulario

**A. 1.** la cantidad de dinero y posesiones de una persona; **2.** encontrar; cuando una persona que pierde algo lo encuentra; **3.** la dirección; la calle, el número y el lugar donde está una casa, una oficina o un negocio; **4.** el abrigo, prenda que se usa para protegerse del frío; **5.** parte de los pantalones o de una falda o camisa donde ponemos el dinero; **6.** la recompensa, lo que recibimos si ganamos un sorteo o una competencia

**B. 1.** vivir, la vivienda, vida; **2.** bolsa, embolsar; **3.** felicidad, felicitar; **4.** diez, decimal; **5.** la riqueza, enriquecerse; **6.** la mentira, mentiroso(a), etc.

### Contenido

**A. 1.** Lo dice la chica cuando va a visitar al señor (al narrador) para decirle que han ganado la lotería. Ella no se había equivocado porque el billete ganó.

**2.** Lo dice el señor (el narrador). Él estaba buscando el billete que había perdido. No podía encontrar el billete.

**3.** Lo dice el señor (el narrador). Tenía que decirle a la chica que había perdido el billete de la lotería.

**B.** El señor dudaba del criado. Él pensaba que el criado le había robado el billete.

**Opinión:** Answers will vary.

## Capítulo 2: Rosa

### Vocabulario

**A. 1.** oscuro; **2.** inútil; **3.** pesado; **4.** sencilla

**B. 1.** mudar(se), mover(se); **2.** la recompensa

**C. 1.** el seguro, asegurar, inseguro(a); **2.** creer, creído(a); **3.** la envidia, envidioso(a), envidiar

### Contenido

**1.** Rosa. Lo dice porque se siente orgullosa de su trabajo. *OR* Porque ella sabe que ha trabajado muy bien.

**2.** Betty, la amiga de Rosa. Se refiere a la posibilidad de que Rosa vaya a trabajar al Centro Nacional de Comunicaciones.

**3.** Uno de los jóvenes que entra en el cuarto. Se refiere a las otras computadoras que ellos van a destruir.

**Opinión:** Answers will vary.

## Capítulo 3: Un oso y un amor

### Vocabulario

**A. 1.** río pequeño; **2.** madera o carbón encendido pero sin llamas que se usa para cocinar; **3.** una joya en forma de aro que se lleva en el dedo; **4.** recipientes que usamos para cocinar, donde ponemos la comida para cocinarla; **5.** cuando el agua u otro líquido está muy caliente y produce burbujas por el calor

**B. 1.** la sangre, sangriento(a); **2.** el/la cantante, cantar; **3.** sentir, sentimiento, sentimentalismo

**Contenido**

1. Cuando los amigos del narrador llegaron al lugar donde estaba el narrador, en el monte.

2. El narrator describe los días de su niñez cuando iba a la escuela con Shirley.

3. El narrador está describiendo cómo se llevaban los habitantes de Tierra Amarilla. Quiere decir que todas las personas se llevaban bien, que allí nadie era extranjero.

4. Cuando el narrador descubre el oso, dice que el oso está furioso porque ellos lo interrumpieron mientras comía.

5. El narrador mostró mucha valentía porque Shirley estaba a su lado y él quería protegerla.

**Opinión:** Answers will vary.

## Capítulo 4: Continuidad de los parques

### Vocabulario

A. 1. cuchillo pequeño, arma en forma de cuchillo; 2. cuando empieza a ponerse el sol, la hora antes del anochecer; 3. lo que usamos para ir de un piso a otro

B. 1. la destrucción, destructor, destructivo; 2. tranquilo, intranquilo, tranquilizante; 3. el dibujo, el/la dibujante

### Contenido

1. Describe al hombre que lee la novela. Describe cómo el hombre se concentra en lo que está leyendo.

2. Describe el plan que habían diseñado los amantes. Habían planeado todo muy cuidadosamente.

3. Describe cómo todo lo que habían planeado sucedió como tenía que suceder.

4. Cuando el amante caminaba por la casa no encontró a nadie en las dos habitaciones.

**Opinión:** Answers will vary.

## Capítulo 5: Cajas de cartón

### Vocabulario

A. 1. lo que ponemos en una cama para dormir; 2. hacer las maletas, hacer un paquete; 3. recipiente en el que ponemos la comida para cocinarla; 4. trasladarse, ir a vivir a otra casa o lugar; 5. tubo de goma que usamos para regar (echarle agua a) las plantas

B. 1. triste, la tristeza; 2. caminar, el/la caminante; 3. cansar, cansado(a), descansar

### Contenido

1. Cuando el narrador llega a su casa ve que ellos se tienen que mudar de nuevo.

2. Describe el lugar donde iba a vivir la familia del narrador. El garaje estaba en malas condiciones.

3. Los hermanos se esconden porque ellos deberían estar en la escuela pero tienen que trabajar en los campos.

4. Cuando el narrador llega a la escuela y va a la oficina del director una mujer le habla en inglés. Él solamente hablaba en español cuando trabajaba en los campos.

5. Después de pasar un día en la escuela, el narrador quiere decirle a su familia lo que había pasado. El narrador está muy contento por las cosas que ha hecho en la escuela.

**Opinión:** Answers will vary.

# Capítulo 6: Jacinto Contreras recibe su paga extraordinaria

## Vocabulario

**A.** **1.** persona que trabaja mucho, persona trabajadora; **2.** cuando una persona se asusta y su cara pierde el color; **3.** persona que gasta mucho dinero; **4.** nombre por el que se conoce a una persona, y que no es su nombre propio; **5.** cuando una persona no tiene dinero y el vendedor le permite comprar cosas y pagarlas más tarde

**B.** **1.** la fiesta, el festejo, el festival; **2.** la sonrisa, la risa, reír, sonriente

## Contenido

**1.** Se refiere a cuando Jacinto está pensando en lo que va a comprar para su familia.

**2.** Lo que le dice a Jacinto una persona en el metro. Quizá que esa persona tropezó con Jacinto y en ese momento le robó la cartera.

**3.** Describe la reacción de Jacinto cuando se dio cuenta de que había perdido el dinero.

**Opinión:** Answers will vary.

# Capítulo 7: Nosotros, no

## Vocabulario

**A.** **1.** lo que hacemos o le decimos a una persona cuando nos vamos o cuando la otra persona se va; **2.** lo que hace una persona cuando se asusta, decir algo en voz alta; **3.** parte de una fruta, lo que ponemos en la tierra para que crezca una planta; **4.** decir lo que va a pasar en el futuro; **5.** un evento que no se espera, un evento sobrenatural, un evento extraordinario

**B.** **1.** lejos, alejarse; **2.** la tierra, el terreno, el terremoto; **3.** habitar, la habitación

## Contenido

**A.** **1.** Se refiere a las personas que van a morir. Las personas que no pueden recibir la inyección.

**2.** Cuando las personas no quieran ponerse la inyección, la policía las buscará para obligarlas a que se la pongan.

**3.** Se refiere a los jóvenes que recibirán la inyección. Ellos no estarán contentos de ser inmortales.

**B.** **1.** La única causa de muerte sería un accidente o el suicidio.

**2.** La segunda noticia causó tristeza porque sólo las personas menores de veinte años podrían recibir la inyección.

**3.** "Nosotros, no" se refiere a las personas que van a morir, las personas que no podrán recibir la inyección.

**Opinión:** Answers will vary.

# Capítulo 8: No oyes ladrar los perros

## Vocabulario

**A.** **1.** temblar; **2.** aplastar; **3.** tropezar; **4.** estirar(se); **5.** aguantarse, treparse

**B.** **1.** lo opuesto a la luz, lo que vemos en la tierra cuando el sol cubre un objeto; **2.** corte o desgarramiento en el cuerpo como consecuencia de un accidente o una pelea; **3.** cuando la luz desaparece; **4.** lo que cubre una casa, los techos de las casas o edificios; **5.** líquido que sale a través de la piel cuando hacemos ejercicios físicos o cuando hace mucho calor

## Contenido

1. El padre le dice al hijo que lo que hace no lo hace por él sino por la madre.

2. Es lo que le dice el chico al padre mientras el padre lo lleva a Tonaya. El hijo se sentía tan mal que no tenía fuerzas para seguir, sólo quería descansar.

3. Es lo que le dice el padre a su hijo cuando se da cuenta de que el chico no le había dicho que él oía ladrar los perros.

**Opinión:** Answers will vary.

# Capítulo 9: El árbol de oro

### Vocabulario

1. lo que ponen encima de las tumbas; lo que marca el lugar donde una persona está enterrada; **2.** el agua que queda en la tierra después de lluvia; **3.** agujero, hoyo, abertura larga y estrecha en la pared; **4.** parte de un árbol que sale del tronco y en la que crecen las hojas y las flores; **5.** lo que usamos para abrir una puerta

### Contenido

A. **1.** F; **2.** V; **3.** V; **4.** F; **5.** F; **6.** V; **7.** F; **8.** V

B. **1. a.** La señorita Leocadia; **b.** Se lo dijo a Mateo Heredia cuando él le pidió encargarse de la llave de la torrecita.

   **2. a.** Ivo; **b.** Se lo dijo a la narradora cuando ella le llamó embustero.

   **3. a.** Mateo Heredia; **b.** Se lo dijo a la narradora cuando Ivo se enfermó y él se encargó de la llave.

C. **1.** La narradora regresa al pueblo y ve el árbol de oro.

   **2.** Reacciona con tristeza y al mismo tiempo con alegría.

   **3.** Reacciona de esa manera porque Ivo ha muerto y al mismo tiempo está alegre de poder ver el árbol de oro.

**Opinión:** Answers will vary.

# Capítulo 10: Jaque mate en dos jugadas

### Vocabulario

A. **1.** volverse loco, perder el juicio o el control de sí mismo; **2.** lo que siente una persona cuando está enferma; **3.** sustancia tóxica que puede matar a una persona; **4.** separarse, lo contrario de acercarse

B. **1.** inútil; **2.** desgastar; **3.** incierto

### Contenido

A. **1.** F; **2.** V; **3.** F; **4.** V; **5.** F; **6.** F; **7.** F; **8.** F

B. **1.** Es lo que dice Claudio la noche que mata al tío, se refiere a que dentro de dos horas su tío estará muerto.

   **2.** Describe la casa donde vivían los sobrinos y el tío. No había amor.

   **3.** Lo que dice Guillermo cuando Claudio le dice que opte por Matilde. Guillermo da a entender que no quiere a su tío, pero que depende de su dinero.

   **4.** Describe el efecto del veneno.

**C. 1.** Claudio creía que era más inteligente que Guillermo. Era más decisivo. Según él, Guillermo no buscaría una manera de resolver el problema.

**2.** No le dijo los planes porque temía que Guillermo ayudara al tío.

**Opinión:** Answers will vary.

# Capítulo 11: La viuda de Montiel

## Vocabulario

**A. 1.** enriquecido; **2.** el atardecer; **3.** muerto; **4.** sentado, acostado

**B. 1.** enloquecer; **2.** enterrar

## Contenido

**A.** Answers may vary slightly; possible answers:

**1.** La viuda de Montiel es ingenua porque ella no sabe nada de lo que hace su esposo.

**2.** Carmichael es fiel porque fue la única persona que siguió ayudando a la viuda después de la muerte de Montiel.

**3.** El Sr. Montiel es corrupto porque ha aterrorizado el pueblo. Ha cometido muchos crímenes para enriquecerse.

**B. 1.** Sr. Montiel; la gente del pueblo; las personas del pueblo tenían buenas razones para no ayudar a la viuda

**2.** viuda de Montiel; estaba perdiendo toda su riqueza y pensaba que la gente del pueblo era muy desagradecida

**Opinión:** Answers will vary.

# Capítulo 12: Cartas de amor traicionado

## Vocabulario

**A. 1.** lo que usa una persona para apoyarse mientras camina cuando tiene una pierna lastimada o enferma; **2.** donde ponemos la cabeza cuando dormimos; **3.** usar fuego para destruir algo; **4.** el periodo de tiempo después que una persona muere y durante el cual, según las costumbre de algunos países, los familiares de la persona que murió evitan fiestas y otros entretenimientos como prueba de dolor; ropa negra que se usa durante este periodo de tiempo; **5.** lo que se siente cuando una persona tiene fe de que algo positivo va a suceder

**B. 1.** sospechoso(a), la sospecha; **2.** el cartero, la cartera, cartearse, la cartería; **3.** escribir, el/la escritor(a), el escritorio

## Contenido

**1.** No tenía confianza en él porque creía que él quería sus tierras.

**2.** Analía llevaba una vida muy dura y triste. No se llevaba bien con su esposo y sufría mucho porque Luis no la trataba bien. Ella lo detestaba.

**3. a.** no lo había querido; **b.** ahora estaba liberada de él, no tenía que rezar para que él se muriera.

**4.** Se lo dice al maestro de su hijo porque el maestro era quien había escrito las cartas y a causa de las cartas, ella se casó con Luis y vivió una vida miserable.

**Opinión:** Answers will vary.

## Capítulo 13: Emma Zunz

### Vocabulario/Contenido

**A. 1.** Es la razón por la que acusaron al padre de Emma; **2.** Es la excusa que usa Emma para visitar a Lowenthal.

**B. 1.** Lowenthal es el dueño de la fábrica (de tejidos). *OR* Es el verdadero culpable del desfalco.

  **2.** Manuel Maier es el padre de Emma.

  **3.** Elsa Urstein es la mejor amiga de Emma.

**C. 1.** Es la reacción que tuvo Emma cuando terminó de leer la carta que decía que su padre había muerto.

  **2.** Emma hizo todo esto para demostrar que Lowenthal la había atacado/violado.

**D. 1.** Trató de hacer todas la cosas que hacía cualquier día. Trató de que ese día fuera como los otros.

  **2.** Rompió la carta porque no quería que nadie sospechara de ella.

**Opinión:** Answers will vary.

## Capítulo 14: Rima LIII

### Vocabulario

**1.** los lugares donde viven los pájaros/las aves, lo que hacen los pájaros/las aves para poner los huevos; **2.** parte del cuerpo de un pájaro/un ave que le sirve para volar; **3.** parte abierta en el muro de una casa, como una ventana desde el piso; muchas veces sobresale del muro; **4.** las gotas de agua que encontramos por la mañana en las plantas; **5.** pared o muro que rodea un jardín, un huerto o una casa

### Autor

Refleja su preocupación por los valores eternos: el espíritu, la belleza, la esperanza, el amor, la muerte y la soledad.

**Contenido/Opinión:** Answers will vary.

## Capítulo 15: Me gustas cuando callas

### Vocabulario

**1.** el sonido que hacemos cuando hablamos o cantamos; **2.** insecto hermoso, con alas de colores, que suele verse en lugares donde hay flores; **3.** una joya que llevan las personas en el dedo; **4.** cuerpo celeste que brilla por la noche y que no es la luna; **5.** lo espiritual o el espíritu de una persona

### Autor

Answers may vary slightly; possible answers: Los temas de la poesía de Neruda son el amor/la injusticia/la violencia/la angustia/los objetos cotidianos.

**Contenido/Opinión:** Answers will vary.

## Capítulos 16 y 18: *Adolescencia y Despedida*

### Vocabulario

**1.** estructura que usamos para cruzar por encima de un río; **2.** claridad, lo contrario de la oscuridad; **3.** persona que trabaja en el campo y corta la hierba o el trigo; **4.** cristal en el que se ven reflejados los objetos o las personas que se colocan delante de él

**Autor**

Pesimismo hacia la vida, visión romántica del mundo.

**Contenido/Opinión**

Answers may vary slightly; possible answers:

1. El autor recuerda la etapa de su adolescencia como algo agradable y dulce, una etapa que comenzó y terminó de forma suave y amable.
2. Quiere que dejen el balcón abierto para seguir viendo los campos, para que los campos sigan siendo parte de su casa.
3. Answers will vary.
4. Answers will vary.

# Capítulo 17: Proverbios y cantares, XXIX

### Vocabulario

1. señal que dejan los pies en el piso; 2. la mirada; 3. poner los pies en el piso, poner los pies sobre algo; 4. gran extensión de agua salada, océano

### Autor

Answers may vary slightly; possible answers:

Los temas que encontramos en la poesía de Antonio Machado son la búsqueda del misterio de lo eterno/el amor/la melancolía por la juventud que se ha ido/la muerte/el anhelo de Dios/los paisajes de Castilla y Andalucía.

**Opinión:** Answers will vary.

# Capítulo 19: Canción de jinete

### Vocabulario

1. satélite de la Tierra, es el mayor cuerpo celeste que se ve brillar en la noche; 2. fruta del olivo, se usa para hacer aceite; 3. edificio alto y estrecho o parte de un edificio como un castillo o una iglesia que se destaca del conjunto y es alta y estrecha; 4. bolsa formada por dos bolsas abiertas y unidas entre sí, se usa para cargar cosas en el lomo de los caballos, quedando colgada una bolsa a cada lado; 5. aire en movimiento; 6. terreno plano y despejado

### Autor

Answers may vary slightly; possible answers:

1. Es una ciudad en el sur de España. Se encuentra en la región de Andalucía. Fue fundada por los romanos. En muchos edificios cordobeses podemos ver la influencia árabe. El río Guadalquivir atraviesa la ciudad.
2. Podemos apreciar el colorido, la belleza y la pasión de España.
3. *La casa de Bernarda Alba, Yerma, Bodas de sangre.* El tema fundamental es la represión y la frustración de la mujer.

### Contenido/Opinión

1. El presentimiento es que el jinete va a morir. Ocurrirá antes de llegar a Córdoba.
2. Answers will vary.

# Capítulo 20: Selecciones de *Versos sencillos*

## Vocabulario

**A. 1.** órgano que bombea la sangre; **2.** una almohada pequeña; **3.** persona muy pobre que pide dinero en la calle; **4.** gran elevación del terreno, montaña; **5.** lo que usan los niños para jugar y entretenerse

**B. 1.** la secadora, seco(a), secante; **2.** el/la jardinero(a), la jardinería; **3.** jugar, el jugador, la juguetería

## Autor

Answers may vary slightly; possible answers:

Nació en Cuba. Sus padres eran inmigrantes españoles. Luchó por la independencia de Cuba. Fue poeta, dramaturgo, novelista, ensayista y periodista.

## Contenido/Opinión

1. Va a tratar a la persona cruel como trata a un amigo.
2. El leopardo tiene un abrigo. El conde tiene su abolengo. El señor presidente tiene un jardín y un tesoro. El ave tiene alas.
3. Answers will vary.
4. Answers will vary.

# Capítulo 21: Canción de otoño en primavera

## Vocabulario

**A. 1.** lo que hace una persona que está muy triste o cuando tiene un gran dolor, salir lágrimas de los ojos; **2.** lo que tenemos en la boca para masticar (morder, comer); **3.** cuando ponemos los brazos alrededor de una persona en señal de cariño; **4.** pelo que crece en la cabeza; **5.** muy temprano en la mañana; el primer momento del día, antes de que salga el sol

**B. 1.** la florería, el florero, florecer; **2.** cerca, cercano, cercanía; **3.** amoroso, amar, amante

## Autor

Nació en Nicaragua. Empezó a escribir cuando era muy joven. Su libro más importante es *Azul*.

## Contenido/Opinión

1. Answers will vary.
2. El poeta piensa que la juventud es lo más hermoso que el ser humano tiene en la vida, pero que la juventud se va pronto y deja tristeza y una profunda melancolía.
3. En esta estrofa Rubén Darío expresa su desencanto por la vida, lo falsas que son las ilusiones y cómo duele no alcanzar los anhelos personales.
4. Answers will vary.

# Capítulo 22: Oda al tomate

## Vocabulario

**1.** herramienta con un mango y una hoja metálica que se usa para cortar; **2.** cuando el agua u otro líquido está muy caliente y produce burbujas por el calor; **3.** recipiente en el que se pone un líquido para beberlo; **4.** líquido espeso que se obtiene de las aceitunas, sirve como aderezo para ensaladas y para freír; **5.** comida que se toma más o menos al mediodía

### Autor

Recibió el Premio Nobel de literatura. Escribió *Residencia en la Tierra/Veinte poemas de amor y una canción desesperada/Odas elementales.* Fue un poeta de gran originalidad. Su obra presenta temas muy variados.

### Contenido/Opinión

1. Una oda es un poema de alabanza; en *Oda al tomate,* Neruda habla de todo lo bueno que tiene este vegetal.
2. Answers will vary.
3. Answers will vary.

## Capítulo 23: La fiesta de San Fermín

### Vocabulario

A. **1.** correr detrás de una persona; **2.** cuando sale el sol por la mañana; **3.** personas se han cortado o lastimado; **4.** persona que fue elegida para gobernar en una ciudad o pueblo, persona que dirige un ayuntamiento

B. **1.** el grito, el gritador; **2.** triste, entristecer; **3.** el día, el diario; **4.** libres, libertad

### Contenido

1. La fiesta tuvo su origen en la época del santo del mismo nombre. La época en la que vivió el santo que es patrón de la ciudad de Pamplona.
2. Hay bailes, la gente canta, hay música, los corredores rezan, hay una corrida, las personas se tiran en una fuente.
3. Es el cohete que da comienzo a la fiesta.
4. Es el evento donde las personas corren delante de los toros.
5. Se originó cuando no había transporte (camiones) para llevar los animales a la corrida.
6. Una canción que indica el final de la fiesta; la gente se siente triste.

**Opinión:** Answers will vary.

## Capítulo 24: Fernando Botero, el espejo convexo

### Vocabulario

A. **1.** las telas que usa el pintor para sus cuadros, donde el pintor pinta sus cuadros; **2.** las líneas que se ven en la cara de una persona mayor; **3.** cuadros que tienen por tema cosas inanimadas; **4.** insectos que producen miel; **5.** extensión de terreno que se ve desde un lugar, cuadro que representa esta vista

B. **1.** el poder, apoderarse; **2.** el/la pintor(a), pintar; **3.** grabar, la grabadora

### Contenido

1. Muchos intelectuales y pintores fueron a Europa. Hubo muchos cambios en Latinoamérica.
2. Son una prolongación de su pintura, de su espíritu.
3. Es mostrar a la gente simple, bonachona y despreocupada del ritmo frenético de las grandes ciudades.
4. Pinta las corridas porque él quería ser torero cuando era joven. Según Botero, las corridas se prestan mucho para ser pintadas.
5. Los cuerpos de las personas son voluminosos. Inventa planetas. Pinta el universo colombiano de su niñez y adolescencia.

**Opinión:** Answers will vary.

# Capítulo 25: La Tomatina

## Vocabulario

**A.** **1.** lugar donde se recluye a los criminales; **2.** muchas personas en un lugar; **3.** las personas que ganan una guerra o una competencia; **4.** una fruta que está lista para comer, lo contrario de verde; **5.** salsa de tomate

**B.** **1.** el guerrero, guerrear, la guerrilla; **2.** la cabeza, encabezar; **3.** amargo, la amargura

## Contenido

1. Una fiesta donde las personas se tiran tomates unas a otras.
2. La fiesta tiene lugar en Buñol, un pueblo cerca de Valencia, España, durante el verano (en el mes de agosto).
3. No se celebró por un tiempo porque Francisco Franco la prohibió.
4. La parte más aburrida es limpiar la ciudad.

**Opinión:** Answers will vary.

# Capítulo 26: Los indios kunas

## Vocabulario

**A.** **1.** joyas que se usan para adornar las orejas; **2.** personas que sin ser médicos curan a la gente; **3.** lugar donde hay muchos árboles y donde viven muchos animales salvajes; **4.** parte del árbol de donde salen las ramas; **5.** edificios muy altos en las ciudades grandes

**B.** **1.** el pescado, pescar; **2.** el alimento, alimentar, alimenticio; **3.** vender, el/la vendedor(a)

## Contenido

1. Querían resistir la influencia española.
2. Todo lo que los rodea en el mundo; las montañas, la flora, la fauna, el mar representan deidades para los kunas.
3. Viven de la pesca y la agricultura.
4. Son bajos, tienen cuellos cortos, espaldas anchas, pecho robusto, piernas cortas, pies pequeños.
5. Las familias son extendidas por dos o tres generaciones. Los matrimonios son planeados por los miembros mayores de la familia. El hombre se encarga de conseguir la comida y la mujer de las tareas caseras.
6. Son prendas de ropa elaboradas artesanalmente. Tienen dibujos y colores simbólicos. Aparecieron en el siglo XIX. Se originaron en las orillas del río Disuknu. Son el aporte cultural de los kunas. Las mujeres kunas son quienes se encargan de hacerlas.

**Opinión:** Answers will vary.

# Capítulo 27: El delantal blanco

## Vocabulario

**A.** **1.** tela que usamos para secarnos; **2.** prenda de vestir que se pone sobre la ropa y cubre la parte delantera del cuerpo, lo usamos para no ensuciarnos cuando cocinamos o hacemos otros trabajos; **3.** tienda de campaña que se usa en la playa para protegerse del sol; **4.** lo opuesto a la luz, lo que vemos en la tierra cuando el sol cubre un objeto; **5.** pedazos muy finos de rocas, como polvo, que encontramos en las playas a la orilla del mar, de un lago o de un río

**B.** **1.** pelear, la pelea; **2.** industrial, industrioso; **3.** nublado, nublar

## Contenido

**1.** Las lee para escapar de la realidad, para entretenerse, para tener esperanzas.

**2.** Vino para trabajar.

**3.** Se casó con él porque él tenía dinero.

**4.** Ella dice que es una vida muy buena, que las personas lo pasan bien y tienen comida gratis.

**5.** Cuando ella se puso su primer par de medias, el mundo cambió para ella.

**6.** La señora se pone furiosa. Se enfada mucho.

**Opinión:** Answers will vary.

# Scoring Gide

## Capítulo 1: El décimo

**Vocabulario**

A. 1 point each = 5 points

B. 1 point each = 5 points

**Contenido**

A. 1 point/2 points = 6 points

B. 3 points

**Opinión**

1. 3 points

2. 3 points

TOTAL: **25 points**

## Capítulo 2: Rosa

**Vocabulario**

A. 1 point each = 4 points

B. 1 point each = 2 points

C. 3 points

**Contenido**

1. 1 point/2 points = 3 points

2. 1 point/2 points = 3 points

3. 1 point/2 points = 3 points

**Opinión**

3. 3 points

4. 4 points

TOTAL: **25 points**

## Capítulo 3: Un oso y un amor

**Vocabulario**

A. 1 point each = 4 points

B. 1 point each = 3 points

**Contenido**

8 points

**Opinión**

1. 2 points

2. 2 points

3. 3 points

4. 3 points

TOTAL: **25 points**

## Capítulo 4: Continuidad de los parques

**Vocabulario**

A. 1 point each = 3 points

B. 1 point each = 3 points

**Contenido**

3 points each = 9 points

**Opinión**

10 points

TOTAL: **25 points**

## Capítulo 5: Cajas de cartón

**Vocabulario**

A. 1 point each = 4 points

B. 1 point each = 2 points

**Contenido**

3 points each = 12 points

**Opinión**

1. 3 points

2. 4 points

TOTAL: **25 points**

## Capítulo 6: Jacinto Contreras recibe su paga extraordinaria

**Vocabulario**

A. 1 point each = 4 points

B. 1 point each = 2 points

**Contenido**

3 points each = 9 points

**Opinión**

1. 2 points

2. 4 points

3. 4 points

TOTAL: **25 points**

## Capítulo 7: Nosotros, no

**Vocabulario**

A. 1 point each = 4 points

B. 1 point each = 2 points

**Contenido**

A. 3 points each = 9 points

B. 2 points each = 6 points

**Opinión**

4 points

**TOTAL: 25 points**

## Capítulo 8: No oyes ladrar los perros

**Vocabulario**

A. 4 points

B. 4 points

**Contenido**

3 points each = 9 points

**Opinión**

4 points each = 8 points

**TOTAL: 25 points**

## Capítulo 9: El árbol de oro

**Vocabulario**

1 point each = 4 points

**Contenido**

A. 1/2 point each = 4 points

B. 2 points each

C. 2 points each

**Opinión**

5 points

**TOTAL: 25 points**

## Capítulo 10: Jaque mate en dos jugadas

**Vocabulario**

A. 1 point each = 3 points

B. 1 point each = 3 points

**Contenido**

A. 1/2 point each = 4 points

B. 2 points each = 6 points

C. 1. 3 points

   2. 2 points

**Opinión**

4 points

**TOTAL: 25 points**

## Capítulo 11: La viuda de Montiel

**Vocabulario**

A. 1 point each = 3 points

B. 1 point each = 2 points

**Contenido**

A. 2 points each

B. 1. 1/2 point, 1/2 point, 2 points = 3 points

   2. 1 point, 2 points = 3 points

**Opinión**

1. 2 points

2. 2 points

3. 4 points

**TOTAL: 25 points**

## Capítulo 12: Cartas de amor traicionado

**Vocabulario**

**A.** 1 point each = 3 points

**B.** 1 point each = 2 points

**Contenido**

1. 3 points
2. 3 points
3. 2 points each + 4 points
4. 3 points

**Opinión**

1. 3 points
2. 4 points

**TOTAL: 25 points**

## Capítulo 13: Emma Zunz

**Vocabulario/Contenido**

**A.** 2 points each = 4 points

**B.** 2 points each = 4 points

**C.** 2 points each = 4 points

**D.** 3 points each = 6 points

**Opinión**

1. 3 points
2. 4 points

**TOTAL: 25 points**

## Capítulo 14: Rima LIII

**Vocabulario**

1 point each = 4 points

**Autor**

4 points

**Contenido/Opinión**

1. 4 points
2. 6 points
3. 7 points

**TOTAL: 25 points**

## Capítulo 15: Me gustas cuando callas

**Vocabulario**

1 point each = 4 points

**Autor**

3 points

**Contenido/Opinión**

**A.** 1. 4 points

   2. 4 points

**B.** 1. 4 point

   2. 6 points

**TOTAL: 25 points**

## Capítulos 16 y 18: *Adolescencia* y *Despedida*

**Vocabulario**

1 point each = 3 points

**Autor**

4 points

**Contenido/Opinión**

1. 4 points
2. 4 points
3. 5 points
4. 5 points

**TOTAL: 25 points**

## Capítulo 17: Proverbios y cantares, XXIX

**Vocabulario**

1 point each = 3 points

**Autor**

5 points

**Contenido/Opinión**

1. 5 points
2. 5 points
3. 7 points

**TOTAL: 25 points**

## Capítulo 19: Canción de jinete

**Vocabulario**

1 point each = 5 points

**Autor**

1. 5 points
2. 3 points
3. 3 points

**Contenido/Opinión**

1. 3 points
2. 6 points

**TOTAL: 25 points**

## Capítulo 20: Selecciones de *Versos sencillos*

**Vocabulario**

A. 1 point each = 4 points
B. 1 point each = 2 points

**Autor**

4 points

**Contenido/Opinión**

1. 2 points
2. 4 points
3. 4 points
4. 5 points

**TOTAL: 25 points**

## Capítulo 21: Canción de otoño en primavera

**Vocabulario**

A. 1 point each = 4 points
B. 1 point each = 2 points

**Autor**

4 points

**Contenido/Opinión**

1. 3 points
2. 3 points
3. 4 points
4. 3 points

**TOTAL: 25 points**

## Capítulo 22: Oda al tomate

**Vocabulario**

1 point each = 3 points

**Autor**

6 points

**Contenido/Opinión**

1. 4 points
2. 6 points
3. 6 points

**TOTAL: 25 points**

## Capítulo 23: La fiesta de San Fermín

**Vocabulario**

A. 1 point each = 3 points
B. 1 point each = 3 points

**Contenido**

1. 2 points
2. 3 points
3. 2 points
4. 2 points
5. 2 points
6. 3 points

**Opinión**

5 points

**TOTAL: 25 points**

## Capítulo 24: Fernando Botero, el espejo convexo

**Vocabulario**

A. 1 point each = 3 points
B. 1 point each = 2 points

**Contenido**

1. 3 points
2. 3 points
3. 3 points
4. 3 points
5. 4 points

**Opinión**

4 points

**TOTAL: 25 points**

## Capítulo 25: La Tomatina

**Vocabulario**

A. 1 point each = 3 points

B. 1 point each = 2 points

**Contenido**

3 points each = 15 points

**Opinión**

5 points

**TOTAL: 25 points**

## Capítulo 26: Los indios kunas

**Vocabulario**

A. 1 point each = 4 points

B. 1 point each = 3 points

**Contenido**

3 points each = 12 points

**Opinión**

6 points

**TOTAL: 25 points**

## Capítulo 27: El delantal blanco

**Vocabulario**

A. 1 point each = 4 points

B. 1 point each = 3 points

**Contenido**

2 points each = 10 points

**Opinión**

1. 2 points

2. 2 points

3. 4 points

**TOTAL: 25 points**